JN025184

マーチャントマン

誰でもわかる
開運・道徳本

松下順一
MATSUSHITA JUNICHI

幻冬舎MC

日本は、神社仏閣を大切にする素晴らしい国。

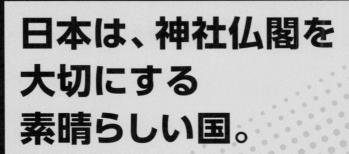

マーチャント
大事なこと守るマン

YES!

毎年初詣で神社仏閣に
参拝に行くのは
なぜでしょう? 私は
1年の願いを込めて
参拝しています。

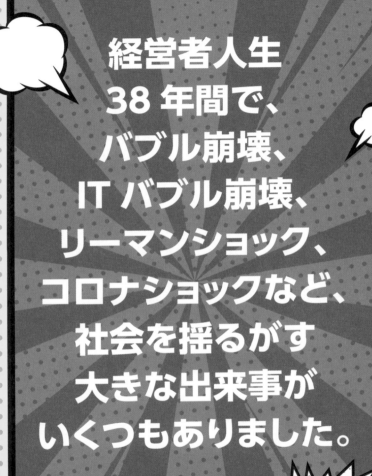

経営者人生
38年間で、
バブル崩壊、
ITバブル崩壊、
リーマンショック、
コロナショックなど、
社会を揺るがす
大きな出来事が
いくつもありました。

OOOPS!

そのような出来事の中で、成功した人や失意のうちに去っていった人、さまざまな人がいましたが、私の考えはブレることはありませんでした。

かつて学んだ"喉元過ぎれば熱さを忘れる"ということわざを、私は今も心に留めて生活しています。

GOOD!

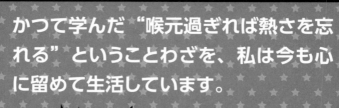

マーチャント
何でも出来るマン
(オールマイティ)

何度も何度も
同じ反省をしてしまう。
誰もがこのような経験が
あるかと思います。

35歳の頃、人生で初めて大きな問題を背負った私は、母に「あなたは初詣のときにしか神社に参拝していないのですか?」と聞かれ、身体に鳥肌が立ちました。

それからは、月に1回、やがて毎週1回、今では毎朝参拝するようになりました。そうすることで私は毎朝心が洗われ、冷静でいられる時間が長くなりました。

NICE!

マーチャント
皆を守る警護マン

M

また、ある人生の大先輩に「貯金した
お金は使えばなくなるが、徳の積み上
げはいざという時に助けてくれ、良い
方向に導いてくれる。だから、精いっ
ぱい頑張って、徳を積み上げるべきだ」
と言われたことがあります。
その先輩の言葉に、私はこれまで何度
助けられたことでしょう。

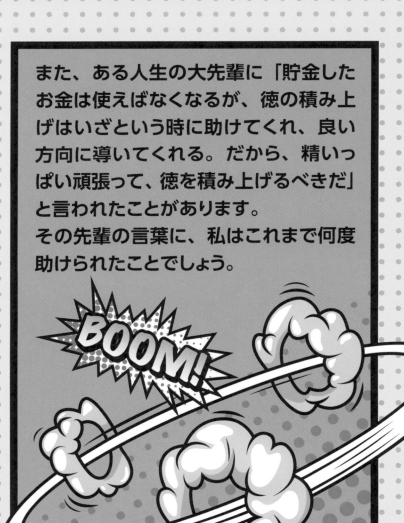

どのように徳を積むのか？
やはり小学校時代の道徳の
授業から学べることが多い
のではないでしょうか。

徳の積み方の基本は、
掃除、整理整頓にあります。
身のまわりを綺麗にすると
心が洗われ、いつも冷静で
いられるようになり、
その結果、人に優しくする
ことができます。

たとえば
社会人であれば、
会社のデスク周りの
掃除や整理整頓を
率先して行いましょう。
このような小さな習慣が、
運を開くのです。

マーチャント
見回り管理
マン

公共機関で借りたトイレは
綺麗に使用する。
汚してしまった場合は
トイレットペーパーなどで
掃除をする。

NICE!

このような
細やかな心遣いも、
非常に大切です。

私も、
我慢の貯金をしたことで、
のちにいろいろな人に助けて
もらえた経験があります。

YES!

誰かが徳を捨ててしまった場所・
場面で、自分自身の徳を積む。
そのような行いは人生をより豊かで
幸せなものに導いてくれます。

NICE!

M

マーチャント
頼れるマン

意地悪をする人がいれば、
我慢しましょう。
道路や公共機関に
ゴミを捨てる人がいれば、
そのゴミを拾いましょう。

ZAP!

毎朝「さあ起きろ!」という自分と「あと5分寝かせて……」という自分が格闘しているという人は、多いのではないでしょうか。

私たちは毎日、自分自身と戦っているのです。

特にビジネスマンは、
今日やるべき仕事が
その日のうちにできる
かどうかの
戦いです。

マーチャント
さあ急げマン

AHHHHH

外回りの営業の人は
「ちょっと休憩しようかな?」と
「いや、もう1社営業!」
との戦いです。

YES!

マーチャント
営業マン

NICE!

1日の終わりに

1週間の終わりに

1ヶ月の終わりに

1年の終わりに

自分に何度勝てて、
何度負けてしまったかを
振り返り反省できる人は、
進歩があると思います。

尽くしても取り引きや人間関係が
終わってしまったものの、
その後に「え!」と思うような取引や
契約が決まった経験がある人も
いるのではないでしょうか。

それは、頑張った努力は継続して
繋がっているからです。そのような
良い運を引き寄せるためにも、
私は一日一善を心掛けています。

マーチャント
準備万端マン

M

AHHHHH...

たとえば、相手が何を
求めているのかを
一生懸命考えて自分の考え
を伝え続けたところ、
資金力のない
私でも、

GOOD!

素晴らしい取引が
決まったことが
あります。

BOOM!

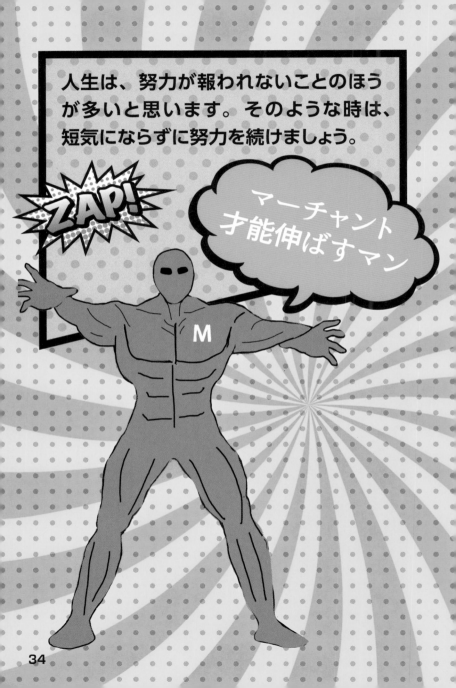

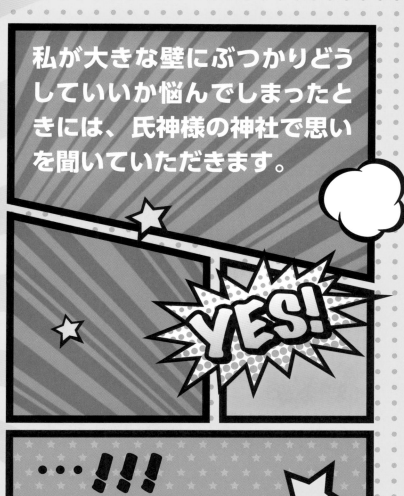

私が大きな壁にぶつかりどうしていいか悩んでしまったときには、氏神様の神社で思いを聞いていただきます。

湯船に粗塩や日本酒を
入れて、身体を清める
こともよくあります。
時にはそれらを何日も
繰り返すこともあります。

起業した当初は高校時代の親友のお父様の会社に机を1つ置かせてもらい、資金力がなかったので、朝から晩まで営業するのみの毎日でした。

机1つ、自分1人の会社でしたので、会社に電話が鳴ると当時の携帯電話に転送して業務をしていました。

その後、起業から半年で10万円のオフィスを借りることが出来、少しずつではありますが着実に会社も自分自身も成長してきたという実感があります。

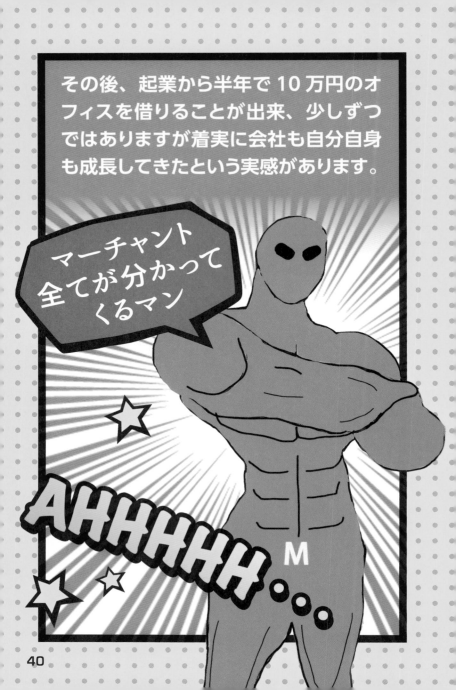

マーチャント
全てが分かって
くるマン

AHHHHH...

M

38年間で困難な時期を経験し倒産の危機を3回経験しながらも、資金力もなければ学歴もなかった私が何とか生活していられるのは、善い行いを日頃から心がけて生活しているからだと信じています。

OOOPS!

両親や仕事を共にする仲間を
はじめとして、毎日あらゆる
物事への感謝を忘れずに生活
し、今後も邁進してまいります。

マーチャントマンの誕生

人の表情は、

その時の体調や気分で変わります。

最近では、オーラチャクラと言うシステムで、その時の自分の体調をオーラ写真で写し出す技術も世の中に出ていますが、マーチャントマンは、それに関連する風水・オーラチャクラから誕生しました。

人は、嬉しい時、楽しい時、悲しい時、怒った時、

表情やしぐさからその感情が分かってしまいます。マーチャントマンは、その時の感情によって身体の色を変化させます。まさに、マーチャントマンは、宇宙から誕生した正義の戦士。地球人の平和を守るため、この星へやってきました。

本書の付録であるマーチャントマン開運・道徳カードは、その日の体調や気分、目標に合わせて、お守りとして1日1枚持ち歩いてください。

マーチャント
財産金運増やすマン

NICE!

資金集めに追われお金に余裕がない生活をしている人や、さらに増やしたい人、何年何月までに目標金額まで達成したい人には、黄色のマーチャントマン財産金運増やすマンがおすすめです。黄は、太陽や月の色。太陽は宇宙で最もパワーがあり、目標に向かう時に最も力の出る色と言われています。また、月の色は冷静な考えや心にしてくれる黄です。

あなたもぜひ、
マーチャント財産金運増やすマンのカードを持って朝の太陽に願いを込めて祈り、努力の報告をしてください。そして月が見える夜は、努力の疲れを癒していただき、目標を必ず達成するのだと願いを込めてみてください。

マーチャント
さあ急げマン

人生のあらゆる場面で、どうしても急いで物事を対処しなくてはならない時がありますよね。そのような時に雲ひとつない青空やマリンブルーの海を見ると、私は自然と冷静になることができるので、マーチャントさあ急げマンは青色にしました。

YES!

「さあ急げ！」
という時こそ、冷静にならなくてはいけません。
仕事や日常生活が忙しく時間に余裕がないという人は、マーチャントさあ急げマンのカードを持って、全ての物事に向き合ってみてください。

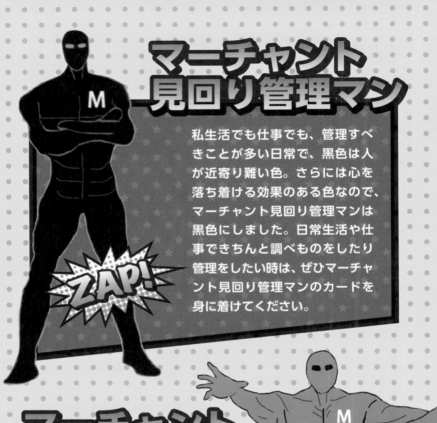

マーチャント
見回り管理マン

私生活でも仕事でも、管理すべきことが多い日常で、黒色は人が近寄り難い色。さらには心を落ち着ける効果のある色なので、マーチャント見回り管理マンは黒色にしました。日常生活や仕事できちんと調べものをしたり管理をしたい時は、ぜひマーチャント見回り管理マンのカードを身に着けてください。

ZAP!

マーチャント
才能伸ばすマン

効果的に脳の疲れを取ってくれて、才能を伸ばすことを助けてくれる色なので、マーチャント才能伸ばすマンは緑色にしました。勉強や仕事の能力を伸ばしたい人はこのカードを身に着けてください。

マーチャント
陳謝マン

陳謝をすると、私たちはひとまわり大きく成長し、人に対してさらに優しくなることができます。緑色は、大地や山の色。皆さんもちょっとしたストレスを感じたときは、好きな物を食べたり、コンサートや舞台、映画を観たり、海を見に行ったりしますよね。でも、とことん疲れたときはなぜ山や高原を見に行くのでしょう。それは、山や高原には植物が育つパワーがみなぎっているからだと思います。そこでマーチャント陳謝マンは、緑色にしました。

人に迷惑をかけてしまい陳謝しなくてはならない時は、心が洗われ、素直で冷静な人になれるマーチャント陳謝マンのカードを持ちましょう。

OOOPS!

マーチャント
準備万端マン

球技や格闘技といったスポーツの世界では、どの選手も相当なトレーニングを行い戦略を練って、準備万端な状態で試合に臨みます。自分自身を追い込み準備万端にし、「さあ行くぞ!」と意気込んだ時、人は誰しも炎のように燃えます。なのでマーチャント準備万端マンは赤色にしました。

AHHHHH…

準備万端で会社の会議に臨む時、取引先に打ち合わせに行く時、仲直りしたい友人に会いに行く時、初デートの時は、ぜひマーチャント準備万端マンカードをお持ちください。

マーチャント全てが分かってくるマン

仕事や私生活でのさまざまな問題を解決できず抱え込んでしまった時は、山や高原など自然に触れられる場所へひとりで赴き、頭をリセットしましょう。そうすると、これまで見えていなかったことが見えてくるものです。そのためマーチャント全てが分かってくるマンは緑色にしました。

WOW!

仕事や日常生活で悩んだ時、壁にぶつかってどうしようもない時は、マーチャント全てが分かってくるマンのカードを身に着けてください。

マーチャント
自分を守るマン

いくら努力しても相手に
非難・攻撃されてしまう
時は、自分自身を守らな
ければなりません。焦っ
て顔が赤くなってしまう
こともありますが、そう
ではなく、自分を守るた
めの攻撃の赤色です。

NICE!

誰かに責められそうになった時は、自分自身の正
義を守るために、マーチャント自分を守るマンの
カードを身に着けてください。

マーチャント
仕事バッチリマン

業績を上げている会社の多くが、青色をカンパニーカラーに使用しています。業績を上げている営業マンも、青のスーツを願掛けで着る人が多いようです。ですからマーチャント仕事バッチリマンは青色にしました。青色は冷静になれる色なので、仕事で成功を収め、業績が上がることも期待できます。目標に向かって頑張っているビジネスマンの皆さんに、ぜひマーチャント仕事バッチリマンのカードを身に着けていただきたいです。

マーチャント
恋愛バッチリマン

ピンク色は全ての争いごとを休戦させ、幸せをもたらす色。どうしようもなく大好きになってしまった相手とデートする時は、ぜひマーチャント恋愛バッチリマンのカードをお持ちください。進展する事を祈っております。

マーチャント
怒ったマン

人は興奮したり怒ったりした時、顔が熱くなり赤くなります。ですのでマーチャント怒ったマンは赤色にしました。

OOOPS!

マーチャントマンは、いつも冷静な正義の味方。マーチャントマンが怒るのは、正義が覆される時です。皆さんがそのような場面に出くわした時は、実際にその感情を表に出すのではなく、マーチャント怒ったマンのカードにその気持ちを預けましょう。

マーチャント
冷静マン

冷静に生活できていると思っていても、私たちにはさまざまな困難が降りかかってきます。その度に自分自身の心を冷静に修正しようと努力しても、なかなか思い通りにいかないということがあるのではないでしょうか。ですから、マーチャント冷静マンは、冷静を表す青色にしました。

ZAP!

どのような場面でも冷静でいられるように、ぜひマーチャント冷静マンのカードを身に着けてください。

マーチャント
頼れるマン

マーチャント頼れるマンは、元気のない時に頼れるあなたの味方。戦国時代の武将の旗印や、現代社会の角界のトップも、赤色を身に着けている人が多いですよね。私も赤色が勝負カラーです。天気の良い朝の燃えたぎる真っ赤な太陽ほど、頼りたいと思えませんか？私は太陽を見ると、手を合わせ、一礼して挨拶してしまいます。ですので、マーチャント頼れるマンは赤色にしました。

WOW!

マーチャント
大事なこと守るマン

昔から現代に至るまで、大事な話をするのは夜の会食の場が多いものです。事物を運ぶのも夜が多いですよね。時代劇でも大事な人を守るときは必ず夜。ですのでマーチャント大事なこと守るマンは黒色にしました。自分を応援したり引き立ててくれたりするような人との打ち合わせや会食の時、会社の重要な会議に参加する時、大切な友人と話をする時、大切な家族会議の時は、マーチャント大事なこと守るマンのカードをお持ちください。

マーチャント
体力健康マン

毎日目標に向かって頑張っ
ていると、精神的にも肉
体的にも疲弊して倒れてし
まう人や、入院してしまう
ような人も少なからずいま
す。そのような場合の治
療施設や病棟にも植物が
多く、心と身体を癒すため
の環境づくりがなされてい
ます。ということで、マー
チャント体力健康マンは
緑色にしました。

私も体力の限界を迎えた時、誰もいない自然の多
い山を見に行くと、気分がリセットでき元気を取
り戻すことができます。身体は資本です。私生活
でも仕事でも、限界を感じる前にマーチャント体
力健康マンのカードを身に着けて休息をとること
で、疲れを取り除いてください。

マーチャント
トラブル解決マン

YES!

トラブルが起きた時は、相手、もしくは両者が興奮してしまっている状態にあります。そのような時に身に着けておきたいのが、冷静に解決できる青色のマーチャントトラブル解決マンです。

青色は人を冷静にさせ、気持ちを整えてくれます。私もそれによって解決の糸口を見つけられたことが多くあります。ですので、いかなるトラブルの場面にも、マーチャントトラブル解決マンのカードを持っていってください。

マーチャント
俺に任せろマン

何を頼まれても冷静に受け入れるマーチャント俺に任せろマンは、青色です。先にも述べたように、青色は冷静な感情へと導いてくれる色です。

NICE!

頼まれたことを冷静に効率よくこなせるようになると、その成長を上司も認めてくれるでしょう。やがて昇進すれば、さらに高い目標が見えてきます。上昇志向が強く、「仕事で良い縁に恵まれたい！」というあなたは、ぜひマーチャント俺に任せろマンのカードを身に着けてください。

マーチャント
全てに燃えるマン

自分のため、家族のため、会社のため、自分自身の正義のため、あらゆる物事に熱意を燃やしている人は、ぜひマーチャント全てに燃えるマンのカードを身に着けてください。

M

WOW!

その熱い思いを前面に出すのではなく密かに心の内を燃やし、情報収集をして知識を蓄えることで、周りの人から信頼してもらえるようになるでしょう。

マーチャント
何でも出来るマン
(オールマイティ)

「何でもやるぞ！出来る
ぞ！」と意気盛んにチャ
レンジしてみると、「あ、
出来た！」と成功した経
験はありませんか？私は
これまで何度も経験しま
した。そのためには、自
分自身の考えと脳とチャ
クラを合わせて、勢いよ
く行動するのです。

神社仏閣でも願いを込め
て、脳のチャクラを合わ
せて参拝してから、仕事
や日常生活を頑張ってみ
てください。自分自身の
勢いの違いが徐々にわ
かってくるかと思います。

マーチャント
感謝マン

感謝の気持ちは、駆け引きの末に起こるものではなく、まっさらな心から自然と湧き出る感情なので、マーチャント感謝マンは白色にしました。

両親に感謝
生まれてきたことに感謝
仕事に感謝　仲間に感謝
関わりをもつ人に感謝
人生に感謝

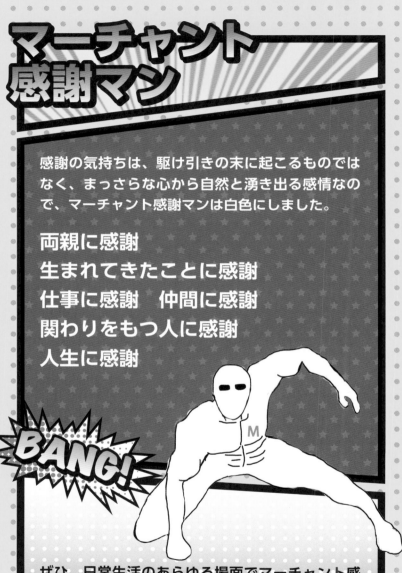

ぜひ、日常生活のあらゆる場面でマーチャント感謝マンカードを身に着けてください。

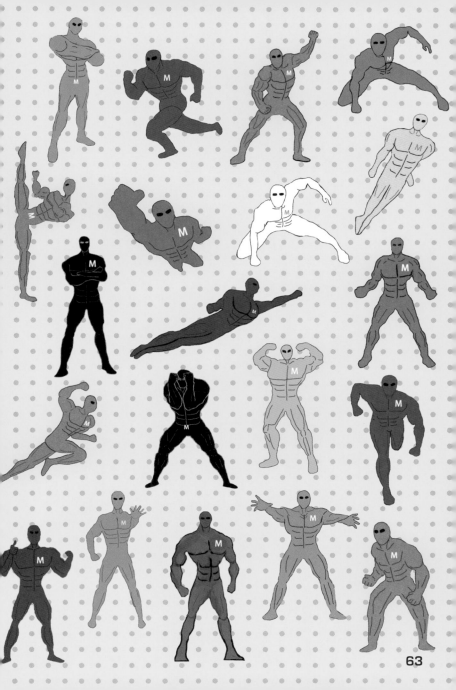

63

著者プロフィール

松下順一（まつした じゅんいち）

1957年埼玉県川口市生まれ。
1975年に駒場学園高校卒業。1986年に松下エージェンシー
（現アートポートインベスト株式会社）を創業。
1990年に松下エージェンシーの映像制作部を分社化する形で
松下プロモーションを設立。
これまでに製作した映画は約300本になる。
映画製作・配給事業、不動産事業、投資事業など多方面で事業
を展開する傍ら、ブルース・リーの世界的な研究家でもあり、「人
間ブルース・リー」の愛称として知られている。

マーチャントマン　誰<ruby>だれ</ruby>でもわかる開運<ruby>かいうん</ruby>・道徳本<ruby>どうとくぼん</ruby>

2023年2月15日　第1刷発行

著　者　　松下順一
発行人　　久保田貴幸

発行元　　株式会社 幻冬舎メディアコンサルティング
　　　　　〒151-0051　東京都渋谷区千駄ヶ谷4-9-7
　　　　　電話　03-5411-6440（編集）

発売元　　株式会社 幻冬舎
　　　　　〒151-0051　東京都渋谷区千駄ヶ谷4-9-7
　　　　　電話　03-5411-6222（営業）

印刷・製本　シナジーコミュニケーションズ株式会社
装　丁　　弓田和則

マーチャントマン
開運・道徳カード

その日、その時の気分でカードを手帳や財布に入れて、自分自身を守り運気を上げ、幸運をつかみましょう!

マーチャントマン プロフィール

PROFILE

1957年7月生まれ（日にち不明）
年は取らない
人を守るための闘い方を身に付けている
武器は使わない
全ての格闘技の元世界チャンピオン
ジャンプは100メートル
ジャンプのスピードは、ジェット機のスピードとほぼ同じ
水中では60分潜水可能
基本精神は、ライバルは自分自身、
全世界の言葉を話せる。
その時の状況で身体の色が変わる。
食事は、絶対に人前では食べない。
脳の4部位、前頭葉、後頭葉、頭頂葉、側頭葉を別々に
動かし、同時に4つの案件に対応、処理することができる。

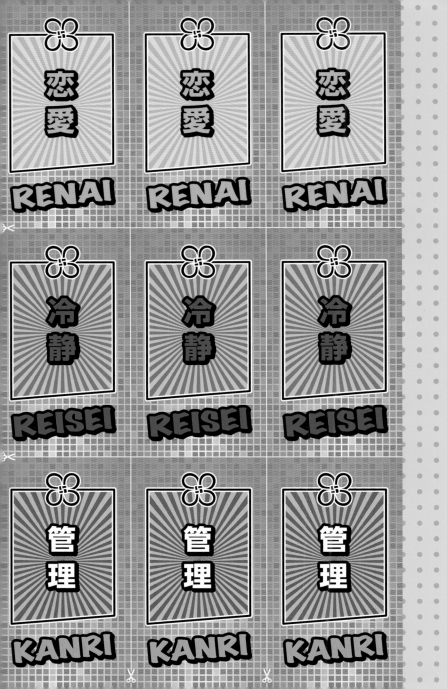

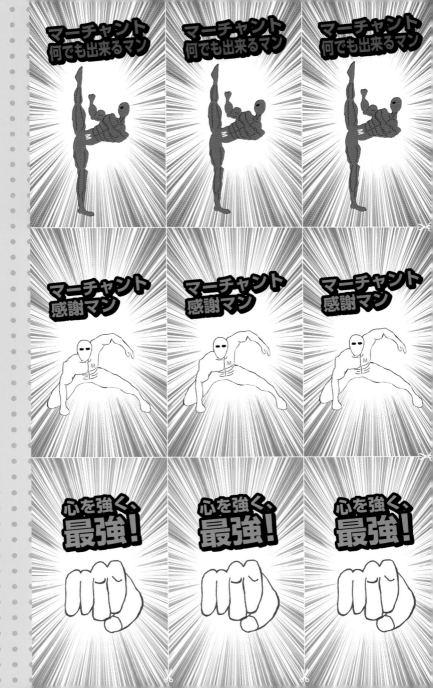

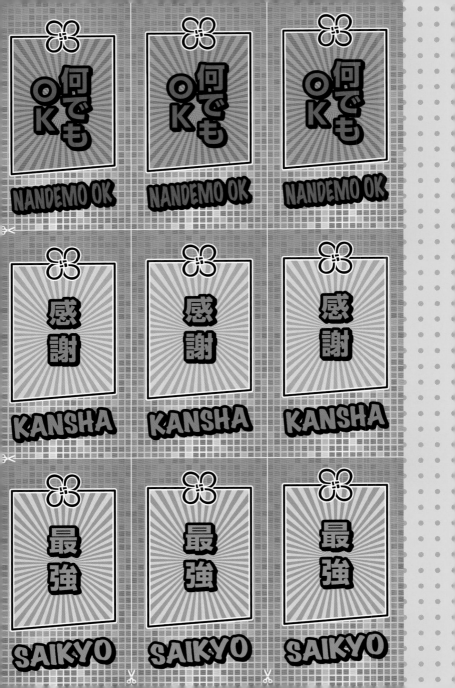